Marceline Putnai

Les nouveaux alphas

Ernst Klett Verlag
Stuttgart · Leipzig

1. Auflage 1 5 4 3 2 | 2013 12

Alle Drucke dieser Auflage sind unverändert und können im Unterricht nebeneinander verwendet werden. Die letzte Zahl bezeichnet das Jahr des Druckes.

Internetadresse: www.klett.de

Umschlag: Jani Spennhoff, Barcelona
Illustrationen: Jani Spennhoff, Barcelona
Druck: Medienhaus Plump GmbH, Rheinbreitbach

Printed in Germany
ISBN 978-3-12-523034-7

9 783125 230347

Table des matières

Avant la lecture

Un livre pour qui ?

Avant de commencer la lecture des nouveaux alphas, faites ce petit test !

1. Quel est l'endroit que vous préféreriez visiter ?
●) un zoo
▲) une exposition sur les baleines blanches
■) le musée de la saucisse de Francfort

2. A la télé, vous tombez sur un documentaire animalier.
▲) Génial, ce sont vos émissions préférées !
■) Ça vous donne faim !
●) Vous zappez généralement après un quart d'heure !

3. Votre menu préféré, c'est :
■) un steak de crocodile de 350 grammes.
▲) une salade grecque.
●) un hamburger frite ou un kébab.

4. Pour être à la mode, vous seriez prêts à…
■) mettre des chaussures en peau de serpent.
●) acheter une veste en cuir.
▲) rien avant d'avoir bien regardé les étiquettes !

Pour connaître votre profil, regardez p. 42.

---

6 **une baleine** ein Wal – 7 **une saucisse** eine Wurst – 8 **un documentaire animalier** eine Tierdokumentation – 14 **grec, greque** griechisch – 17 **un serpent** eine Schlange – 18 **le cuir** das Leder

Chapitre 1 Le jour où tout a commencé.

Il était 4 heures et demie du matin et il faisait vraiment un temps de cochon. Au volant de sa Citroën, Loïc ne voyait presque plus la route. La pluie tombait furieusement depuis des heures. Sur la N15, des voitures s'étaient arrêtées, les plus courageux continuaient à 60 km/h.
Loïc roulait à 80, le portable sous le menton. Impossible donc de mettre un peu de distance entre le téléphone et son oreille pendant que son chef se mettait à crier :

– Qu'est-ce que tu fais, Loïc ?! Tout le monde est au travail ici ! Ça fait plus d'une heure que je t'ai appelé.
– Je fais ce que je peux ! Vous avez vu le temps ?
– Dis donc, c'est pas le moment de parler de la météo ! Dépêche-toi, mon vieux !

Et puis merde, s'est dit Loïc pendant qu'il refermait son portable. Merde !
Finalement, le ciel s'est calmé un peu et c'est sous une bonne pluie normande qu'il a pris la D33, en direction de Saint-Vigor, la petite ville dans laquelle étaient installés les laboratoires de *Cosmétonet*.

Tout à coup, cinq kilomètres avant le village, Loïc s'est arrêté brutalement. Une petite chose toute noire venait de sauter devant sa voiture. Il avait juste eu le temps de freiner et d'entendre la chose crier avant de la voir disparaître dans la forêt au bord de la route.

« Ça ressemblait à un singe ! » Lentement, Loïc a bougé la tête de droite à gauche comme s'il voulait sortir d'un mauvais rêve. « Mon vieux, il te faut un café ! Et il te faudrait

---

2 **un cochon** ein Schwein – 2 **au volant** am Steuer – 6 **rouler** fahren – 6 **un menton** ein Kinn – 8 **une oreille** ein Ohr – 8 **se mettre à faire qc** anfangen, etw. zu tun – 22 **sauter** springen – 22 **freiner** bremsen – 24 **au bord de** am Rand von/an – 25 **un singe** ein Affe – 25 **bouger** sich bewegen

aussi des nuits un peu plus longues ! Mais avec ce malade de Maltrani, ça sera pas avant la retraite ! »

Dix minutes plus tard, Loïc est arrivé sur le parking du labo, près de la grosse BM de son chef, l'inspecteur Maltrani, qui est alors sorti avec difficulté de sa voiture, des papiers à la main, l'air furieux. Il est venu vers lui aussi vite que le lui permettaient ses 120 kilos. La pluie avait collé ses cheveux noirs sur sa tête et son vieux trench coat dégoulinait sur ses Nike blanches. « Toujours un look pas possible, le vieux ! » s'est dit Loïc.

– Voilà le touriste ! Ça va, t'as eu le temps d'admirer le paysage ?

Loïc n'a pas eu le temps de répondre.

– Tu vas voir, a repris Maltrani, le paysage ici n'est pas mal non plus. Viens avec moi !

Derrière son chef, Loïc est entré dans le labo. Il avait raison, le vieux. C'était comme si une tornade avait traversé les pièces. Les tables étaient renversées, toutes les fenêtres étaient cassées.

– Merde alors, a dit Loïc… Ils étaient énervés, les mecs qui ont fait ça !

– Merci pour ton commentaire, a répondu Maltrani, ironique.

– On a déjà une idée ? a demandé Loïc.

– Possible !

Maltrani s'était remis en route, suivi par son assistant. Les petits morceaux de verre faisaient des bruits bizarres sous leurs chaussures. Loïc a remarqué de nombreuses traces de sang. Au moins, il y aurait de l'ADN ! Les équipes de la police étaient déjà au travail ; les hommes en blanc mettaient tout ce qu'ils trouvaient dans des petits sacs.

---

8 **coller** kleben – 9 **dégouliner** tropfen – 18 **renversé,e** umgestoßen – 19 **cassé,e** zerbrochen – 28 **nombreux,se** zahlreich – 28 **une trace** eine Spur – 29 **le sang** das Blut – 29 **l'ADN** *(m.)* die DNA

Les deux flics ont traversé plusieurs pièces. Au fond du labo, une énorme porte blindée était ouverte. Dans la pièce derrière la porte, environ cent cages, de tailles différentes, toutes ouvertes et vides, étaient renversées sur les tables et par terre…

Loïc a regardé Maltrani.

– Mais je croyais que c'était un labo de cosmétique ici ! Style rouge à lèvres et mascara, non ?
– Ben oui, mais ici, il y avait des animaux, pour les expériences. Pour tester les produits. On fait manger des kilos de rouge à lèvres aux chiens, on met du concentré de shampoing dans les yeux des lapins …

---

1 **un flic** *(fam.)* ein Bulle *(ugs.)* – 2 **blindé,e** gepanzert – 3 **environ** ungefähr – 3 **une cage** ein Käfig – 4 **vide** leer – 8 **le rouge à lèvres** der Lippenstift

Maltrani a donné son vieux cahier à Loïc.

– Tiens, lis, voilà ce que le directeur m'a expliqué !

– De la crème dépilatoire sur les singes… a lu Loïc. Il a regardé son chef sans comprendre.

– Ouais, a dit Maltrani. Faut tester ça aussi ! Ça les brûle terriblement… Pauvres bêtes !

Loïc a alors pensé à cette chose devant sa voiture, il revoyait ce regard fou.

Maltrani a retrouvé un ton plus professionnel :

– Pour le directeur du labo, c'est le FLA qui est derrière tout ça, le *Front de Libération des Animaux* ! Ils ont déjà eu des problèmes avec eux ici. Mais jamais comme aujourd'hui !

Le portable de Maltrani s'est mis à sonner ! Plutôt à crier, une voix furieuse qui sortait de la poche droite du trench fatigué. « CRIMINAL, CRIMINAL, You god damn right, I'm… » Maltrani a posé sa grosse main sur le téléphone et a envoyé un regard rapide à Loïc.

– Quel petit… ! C'est mon fils qui a encore changé la sonnerie de mon portable, a-t-il expliqué avant de répondre.

– Allô, a-t-il crié, presque aussi fort qu'Eminem.

Dix secondes plus tard, Loïc a compris que c'était très important. Il savait lire sur le visage de Maltrani comme dans un livre et reconnaissait les problèmes à la façon qu'avaient ses yeux et sa bouche de s'ouvrir ou de se fermer.

– Quoi, chef ?

– A Montville, un élevage de porcs industriel ! … Ils ont tout bouffé !

Loïc a réfléchi une seconde :

– Mais qui a mangé tous ces porcs ?

---

3 **la crème dépilatoire** die Enthaarungscreme – 6 **une bête** = un animal – 4 **plutôt** vielmehr – 15 **une poche** eine Tasche – 29 **un élevage** eine Zucht – 29 **un porc** ein Schwein – 30 **bouffer qc** *(fam.)* etw. essen

– Mais non, imbécile, c'est le contraire : c'est les cochons qu'ont bouffé les types qui s'occupaient d'eux, quatre mecs ; en dix minutes, il n'y avait plus rien ! Et puis les porcs sont devenus fous, ils ont tout cassé et sont partis dans la nature. Personne ne sait ce qu'il peut se passer. Il y avait plus de 500 cochons dans les hangars.

Loïc a pensé aux 500 cochons furieux en train de se promener dans les rues de Montville, et au même moment, il a commencé à sentir qu'il perdait le lien avec la réalité. Il se rendait compte avec un sentiment curieux qu'à partir de maintenant, plus rien ne serait jamais comme avant. Il y avait sûrement un lien entre les deux histoires. A Montville et à Saint-Vigor, des animaux maltraités par l'homme, seulement là pour servir, pour souffrir, pour mourir…

Maltrani s'est tourné lentement vers Loïc.
– Dis-moi, on ne sait jamais, on n'est pas le premier avril, hein ?
– Non, on est en mars ! Loïc avait l'air calme, il regardait la route qui brillait sous la pluie.
– C'est bien ce que je pensais.
Une fois encore, Eminem s'est mis à crier : « CRIMINAL, CRIMINAL, You god damn right, I'm a CRIMINAL Yeah, I'm a CRI »
– Allô, a fait la large bouche de Maltrani… Oui, ah… c'est toi… Ecoute, ce n'est vraiment…
Loïc a regardé son chef qui avait l'air d'avoir pris dix ans en vingt minutes.
– Tu as… quoi ? Nom de… OK, ne fais rien, fermez toutes les portes, n'ouvrez à personne ! Tu es sûr que sa blessure n'est pas grave ? OK, à plus tard, je ne peux… Oui ! Clic.

---

6 **un hangar** eine Halle – 9 **un lien** eine Verbindung – 10 **à partir de…** von … an – 13 **maltraité,e** misshandelt – 14 **souffrir** leiden – 15 **mourir** sterben – 20 **briller** glänzen – 30 **une blessure** eine Verletzung – 31 **grave** schwer

Maltrani parlait d'une voix que Loïc ne lui connaissait pas.

– Ma femme… Le chat lui a sauté au visage. Elle dit que ce n'est pas trop grave. Un vieux chat malade de 17 ans ! Mon fils a dû le jeter par la fenêtre de l'appartement… Mais qu'est-ce que c'est que ce truc de fou ? Ce matin, la vie avait encore l'air normale, non !

– Ah, a dit Loïc ! Normale ? Vous êtes sûr ? Moi, j'ai l'impression que ça fait longtemps que rien n'est plus normal dans ce monde !

Maltrani a alors couru vers sa voiture, il marchait comme un vieux canard obèse : « Loïc, quelqu'un doit rester ici ! A Montville, on envoie l'armée. Tu te rends compte ? L'armée… à Montville pour des cochons ! Je t'appelle ! »

Maltrani a sauté dans la BM et a posé le gyrophare sur la voiture. Il est parti comme dans les films, avec un bruit de pneu sur l'asphalte trempée. Loïc a attendu un court moment, il a regardé la BM disparaître rapidement dans les virages de la petite route, puis il est monté dans sa voiture, lui aussi, sans un regard pour le directeur de *Cosmétonet* qui comptait ses millions perdus.

Loïc savait très bien que Maltrani serait furieux, il n'aimait pas du tout qu'on agisse sans l'informer. Malgré ses célèbres colères, Maltrani était toujours prêt à la discussion. Mais agir seul derrière son dos était la dernière des choses à faire quand on travaillait avec le gros flic que tout le commissariat appelait le Morse.

Mais Loïc avait maintenant une idée fixe dans la tête. Il ne pourrait pas expliquer à Maltrani pourquoi il voulait retrouver la chose qui avait traversé ce matin la route

---

5 **jeter** werfen – 11 **courir** rennen – 12 **obèse** fettleibig – 15 **un gyrophare** ein Blaulicht – 17 **un pneu** ein Reifen – 19 **un virage** eine Kurve – 23 **agisse > agir** handeln – 23 **malgré** trotz – 27 **un morse** ein Walross

devant sa voiture. Il fallait le faire, c'était tout. Ça, Loïc en était sûr ! Il regardait la forêt, au loin. A la radio, une voix qu'on sentait inquiète avait remplacé le programme de jazz qu'il avait l'habitude d'écouter tous les matins.

– ... à de nombreux endroits, on signale des attaques violentes et des animaux furieux. Dans le parc des loups de Sainte-Lucie en Lozère, les animaux ont attaqué un groupe de randonneurs. On signale aussi des accidents dans les fermes et les élevages. Euh... un moment, une information du Ministère de la Défense vient d'arriver... L'état d'urgence vient d'être déclaré. Sur tout le territoire, on demande à la population de ne pas quitter les maisons et d'éviter tous les contacts avec les animaux, même les animaux domestiques ou d'élevage. Des transports vers les villes seront organisés pour les habitants de la campagne. En Normandie, en Bretagne et dans la région Languedoc-Roussillon, les évacuations ont déjà commencé. Dans toutes les grandes villes, on met en place des centres d'accueil. Tous les zoos sont mis sous surveillance, comme les refuges de la SPA... Les premières informations de l'étranger montrent que la situation est la même partout dans le monde... On signale des attaques de... euh... de singes dans les rues de Bombay et une invasion d'insectes dans plusieurs capitales africaines... Oh... mon Dieu ! Excusez-moi ! » La journaliste s'était mise à pleurer et on avait interrompu le programme.

---

2 **au loin** in der Ferne – 3 **remplacer** ersetzen – 5 **signaler** melden – 10 **le Ministère de la Défense** das Verteidigungsministerium – 11 **l'état** *(m.)* **d'urgences** der Ausnahmezustand – 11 **déclarer** *(hier)* ausrufen – 13 **éviter** vermeiden – 14 **un animal domestique** ein Haustier – 19 **mettre en place** einrichten – 19 **un centre d'accueil** ein Aufnahmelager – 20 **un refuge** ein Tierheim – 20 **SPA** frz. Tierschutzverein – 21 **l'étranger** *(m.)* das Ausland – 32 **interrompu,e** unterbrochen

Chapitre 2 Prédiction

Loïc était maintenant arrivé près de la forêt. Il essayait de faire une liste de tous les endroits où on pouvait trouver des animaux en grand nombre. Il pensait à la mer et aux millions de poissons ! Et les insectes ! Sur son petit balcon, il avait toujours l'impression que des centaines de mouches et autres bestioles peu sympathiques venaient le torturer quand il s'endormait enfin dans son hamac. Si les insectes décidaient vraiment d'attaquer… et les oiseaux !

Inquiet, Loïc regardait le ciel par la fenêtre de sa voiture. « Les oiseaux » ; il avait vu le vieux film d'Hitchcock quand il avait 10 ans ! Il avait eu peur ; il se souvenait surtout très bien de la scène où des corbeaux de plus en plus nombreux venaient se poser dans la cour d'une petite école pendant que les enfants étaient encore en classe. Ils attendaient très calmement que les enfants sortent pour les attaquer. Plusieurs semaines après avoir vu ce film, Loïc allait toujours un petit peu plus vite quand il voyait les corbeaux dans les champs sur le chemin de l'école.

Mais aujourd'hui, ici, ce n'était pas un film ! Loïc cherchait l'endroit où la créature – à laquelle il ne pouvait pas encore donner de nom – avait sauté devant sa voiture. Tous les virages se ressemblaient et il n'y avait aucun chemin.

Alors, le jeune homme s'est arrêté au bord de la route, est descendu de sa voiture et est entré dans la forêt. Loïc a regardé son portable : pas de réseau bien sûr, on était loin de tout ici. Il n'avait pas envie de refaire cinq kilomètres pour pouvoir téléphoner et tout expliquer à Maltrani. Le

---

0 **une prédiction** eine Prophezeiung – 6 **une mouche** eine Fliege – 6 **une bestiole** *(fam.)* ein Tierchen – 7 **torturer** quälen – 7 **un hamac** eine Hängematte – 9 **un oiseau** ein Vogel – 12 **se souvenir** sich erinnern – 13 **un corbeau** ein Rabe – 26 **un réseau** ein Netz

Morse ne serait sûrement pas d'accord et il avait d'autres problèmes pour le moment. La situation était grave, Loïc le savait, mais il devait chercher, sans pouvoir vraiment dire pourquoi. Faire demi-tour était tout simplement impossible.

Il faisait sombre mais les arbres le protégeaient un peu de la pluie qui continuait à tomber. « Quel temps de chien ! » s'est dit Loïc… « Ou de cochon…, c'est vraiment d'actualité ! »

Retrouver la créature ici était presque impossible. Et puis, la forêt était devenue dangereuse. Combien de bêtes se cachaient-elles là, dans les arbres ou derrière les herbes ?

Tout à coup, Loïc a entendu un bruit, deux ailes derrière lui. Tout est allé très vite, il a senti un contact, et peu après, une douleur sur le haut de la tête. Il a regardé derrière lui et a seulement deviné l'oiseau qui l'observait maintenant du haut d'un arbre.

« J'ai rien vu ! Bon, pas de panique ! » Loïc a continué, pas trop vite. Il sentait bien les traces qu'avaient laissées les griffes de l'oiseau. Il avait maintenant l'impression terrible qu'on l'observait de partout; toutes ces bêtes auxquelles on ne pensait jamais d'habitude… « Ils me font peur ! C'est fou, mais ils me font vraiment peur ! »

Loïc a alors pensé à Manouche, sa vieille chienne. Est-ce qu'elle l'attendait, couchée sur sa couverture rouge ? Ou bien est-ce qu'elle était devenue folle comme les autres ? Mais attention, encore une fois, un bruit d'aile ! Cette fois, Loïc a eu le temps de se coucher dans l'herbe et a entendu un petit cri court.

---

4 **faire demi-tour** umkehren – 6 **sombre** dunkel – 6 **protéger** beschützen – 13 **une aile** ein Flügel – 16 **deviner** erraten – 20 **une griffe** eine Kralle – 21 **auxquelles** an die – 25 **une couverture** eine Decke – 29 **un cri** > crier

« Il est tout seul, j'ai de la chance ! Mais ça ne va peut-être pas continuer. » Loïc a regardé une nouvelle fois son portable, sans y croire. Toujours pas de réseau, bien sûr ! Et tout à coup, il a senti la forêt bouger autour de lui. Il se trouvait alors dans un petit cercle d'herbe dans lequel tombait la lumière triste d'un jour de pluie.

Un chat énorme marchait vers lui. Son poil gris était sale, ses blessures étaient infectées. Ses oreilles ressemblaient à des morceaux d'emmental qu'on aurait laissés entre les dents d'une souris. « Il sort sûrement du labo », s'est dit Loïc. « Mais qu'est-ce qu'on lui a fait pour le mettre dans cet état ! »

4 **autour de qc** um etw. herum – 6 **la lumière** das Licht – 7 **le poil** das Fell – 7 **sale** schmutzig – 8 **infecté,e** entzündet – 10 **une souris** eine Maus – 12 **un état** ein Zustand

Et puis au même moment, comme dans un flash, Loïc a repensé aux publicités qu'il avait eu le temps de voir dans le hall d'entrée de *Cosmétonet* : le shampoing pour enfant qui ne piquait pas les yeux, la crème qui faisait une peau de pêche... Et il se voyait, lui, dans les allées du supermarché, il voyait les savons et les déodorants qu'il achetait sans réfléchir, mécaniquement. Et puis il y avait aussi les saucisses sous plastique et la viande de porc bien rose qu'il mangeait si souvent devant la télé. Ce n'était pas bon, mais Loïc mangeait sans y penser.

Finalement, il n'avait jamais vraiment réfléchi à l'endroit d'où tous ces produits venaient ni à la façon dont ils étaient faits. C'était ça, le monde lisse et propre du supermarché. Rien ne puait, rien n'était sale, tout était si facile. A la ferme, quand il était petit, sa mère était toujours triste quand elle devait tuer une poule. Elle quittait la cuisine sans un bruit ; il y avait comme une sorte de respect dans le silence qui suivait. On les connaissait toutes, les poules, chacune avait son caractère...

La ferme !!! Oh non ! Maman, papa ! Loïc les avait complètement oubliés, comme s'il ne pouvait imaginer une seule seconde que quelque chose avait pu se passer à la ferme des Ducastel, où rien – ou si peu – ne se passait jamais.

Le chat était maintenant très près du jeune homme, il n'avait pas peur. Loïc essayait de rester calme, il s'était assis par terre. Derrière le chat, dans l'herbe, Loïc reconnaissait le petit singe noir qu'il était venu chercher. Loïc savait maintenant qu'il avait eu raison de venir, qu'il avait un rendez-vous ici, dans cette forêt.

---

2 **une publicité** eine Werbung – 4 **piquer** *(hier)* brennen – 8 **une saucisse** ein Würstchen – 13 **dont** mit der – 13 **lisse** glatt – 13 **propre** sauber – 14 **puer** stinken – 27 **il s'était assis > s'asseoir** sich setzen

Le chat regardait Loïc fixement. Il y avait dans ce regard une volonté extraordinaire. Loïc le fixait aussi et ne pouvait plus détourner les yeux. Il était hypnotisé par les reflets jaunes et verts qui brillaient dans les yeux du chat. Il sentait quelque chose d'étrange se passer dans sa tête. C'était d'abord un bruit qu'il ne reconnaissait pas et qui arrivait de très loin, lentement. Des voix peut-être, ou des cris, on aurait pu croire qu'une armée marchait vers lui. Loïc se concentrait énormément et puis, il a commencé vraiment à entendre.

Ce n'était pas le vent dans les arbres ou tous ces petits bruits de la forêt, non, c'était autre chose, quelque chose d'inquiétant et de terrible. Quelque chose qui montait lentement, progressivement. Finalement, c'est devenu un vacarme insupportable qui s'est installé dans sa tête. Un concert de cris, de hurlements. C'étaient des cris de souffrance. Il les entendait et il les voyait maintenant : Les porcs, les vaches, les poules dans des abattoirs gigantesques, les loups, les renards, les sangliers que l'on chassait, les gorilles, les phoques, les crocodiles que l'on tuait ! Ce cri, terriblement fort, ne quittait plus la tête de Loïc qui a fermé les yeux. Il a essayé de se boucher les oreilles avec les mains. Le chat le fixait toujours, absolument immobile. Et puis, très lentement, les cris sont devenus moins forts, et ont fini par disparaître complètement. Loïc s'est réveillé difficilement comme après un mauvais rêve, quand il a entendu tout à coup le chat lui parler, d'une voix étrange : « Tu as entendu ? Eh bien, tout ça, c'est fini ! Pars maintenant, et dis-leur ! Nous sommes tous contre vous. Fini, c'est fini pour vous ! »

---

2 **une volonté** ein Wille – 2 **extraordinaire** außergewöhnlich – 4 **un reflet** ein Reflex – 5 **étrange** seltsam – 15 **un vacarme** = un bruit – 16 **un hurlement** ein Heulen – 17 **la souffrance** das Leiden – 18 **un abattoir** ein Schlachthof – 19 **un renard** ein Fuchs – 19 **un sanglier** ein Wildschwein – 20 **un phoque** eine Robbe – 22 **se boucher les oreilles** sich die Ohren zuhalten

Puis, devant Loïc qui le regardait sans y croire, le chat a craché, comme tous les chats qui ne sont pas contents. Et, rapide comme l'éclair, il a griffé la joue du jeune homme qui n'a pas eu le temps de se protéger. Un peu trop tard, Loïc a mis instinctivement les mains sur son visage pendant que le chat disparaissait dans la forêt. Tout à coup, Loïc s'est senti si fatigué qu'il ne pouvait plus bouger. Alors, il a fermé les yeux et s'est couché dans l'herbe.

---

2 **cracher** *(hier)* fauchen – 3 **un éclair** ein Blitz – 3 **griffer** kratzen – 3 **une joue** eine Backe

Chapitre 3 Messager ?

Loïc s'est réveillé le nez dans l'herbe. Il a senti la trace qu'avait laissée la griffe du chat quand il a commencé à bouger et qu'il a ouvert les yeux. Premier réflexe : il a regardé l'heure : 11 h 15. Il était encore très fatigué et il commençait à ressentir une faim terrible. Lentement, il s'est souvenu de ce qui s'était passé. Il a attendu un peu, il espérait que tout cela n'était qu'un rêve qui allait glisser vers l'oubli. Mais non !

Le portable était toujours muet, il fallait vite quitter la forêt, retrouver la voiture, appeler Maltrani. « Il ne va jamais me croire, le vieux ! » Loïc a pris un petit chemin, il espérait qu'il le conduirait à la route. « Mais pourquoi moi ? Pourquoi est-ce qu'ils m'ont choisi, moi ? Est-ce que c'est un hasard, parce que j'étais le seul imbécile à me promener en forêt pendant que l'humanité était en train de se faire massacrer ? Non, je ne peux pas être le seul ! Finalement, si je comprends bien, ils nous laissent une chance de comprendre, ils nous donnent un peu de temps avant… l'apocalypse ».

Loïc est sorti de la forêt au mauvais endroit. Encore un kilomètre environ avant de retrouver la voiture. Il fallait marcher le long de la petite route qui bordait la forêt. De l'autre côté, on ne voyait que des champs immenses, pas une maison. Loïc s'est rendu compte tout à coup que quelques vaches le suivaient des yeux derrière une clôture peu solide. Elles le regardaient avec leurs grands yeux marron, d'un regard mi-inquiet, mi-endormi. Derrière elles, un taureau, tout en muscles, a tourné aussi la tête vers lui. « J'ai peur des vaches, maintenant ! », se dit Loïc.

---

1 **un nez** eine Nase – 7 **glisser** gleiten – 9 **muet,te** stumm – 14 **un hasard** ein Zufall – 22 **le long de** entlang – 25 **une clôture** ein Zaun – 28 **un taureau** ein Stier

« Quand j'étais petit, à la ferme, j'étais le premier debout pour partir à la traite avec papa. » La ferme ! Loïc ne voulait pas se mettre à courir devant les bêtes. Il savait qu'il ne fallait pas rigoler avec un taureau furieux. Mais déjà, l'animal regardait ailleurs, Loïc ne l'intéressait plus.

Bientôt, Loïc a retrouvé sa vieille Citroën. Un regard sur le portable. Enfin ! SFR, les trois petites lettres étaient là, en haut de son écran ! Loïc a hésité une seconde et a fait le numéro de son chef.

– Loïc, mon p'tit gars ! Tout va bien ?

« Mon p'tit gars » ?! Presque aussi étrange qu'un chat qui parle, s'est dit Loïc qui s'attendait à une réaction très, très différente !

– Heu, oui, ça va, chef ! J'étais dans la forêt ! Je... euh... écoutez, il se passe un truc totalement incroyable ! J'ai rencontré un chat... euh... un chat qui parle... Il m'a expliqué pourquoi toutes les bêtes sont devenues folles !

Loïc ne savait pas s'il devait continuer. Maltrani le trouvait déjà assez original, cette fois-ci, il allait le prendre pour un vrai fou.

– Ben, il avait vraiment beaucoup de trucs à te dire ton matou, dis donc, a repris Maltrani redevenu lui-même, parce que ça fait quand même deux jours que tu as disparu !

– Hein ! Deux jours !?

Loïc avait dormi plus de 24 heures.

– Ouais, écoute, on a du boulot. Je sais pas si ton copain le chat t'a informé, mais les attaques se sont arrêtées à la

---

1 **debout** auf den Beinen – 2 **la traite** das Melken – 5 **ailleurs** woanders(hin) – 7 **SFR** Name eines frz. Mobilfunknetzbetreibers – 7 **une lettre** ein Buchstabe – 8 **un écran** ein Display – 10 **mon p'tit gars** *(fam.)* mein Kleiner – 15 **incroyable** > croire – 20 **prendre pour** halten für – 23 **un matou** ein Kater – 28 **un boulot** *(fam.)* eine Arbeit

fin de la première journée. Le soir même, les poules en batterie ont recommencé gentiment à pondre des œufs, les cochons avaient l'air de nouveau prêts à se laisser transformer en saucisses sans protester… Enfin, là où c'était encore possible ! Parce qu'il y a eu des dégâts !

– Combien de victimes, a demandé Loïc ?

– On ne sait pas encore exactement. Ce qui est sûr, c'est que plusieurs gouvernements ont pris des décisions radicales : extermination d'élevages et de troupeaux, même dans les parcs naturels ou les zoos…

Loïc s'est mis à crier.

– Mais non, justement, ça aurait pu être bien pire, on va vers la catastrophe si on leur répond comme ça ! Moi, je pense qu'il y a encore une chance, une seule et unique chance, et il ne faut pas la rater.

– M'ouais ! Une chance ! Tu viens de sortir de ta forêt magique, mais tu vas te rendre compte de la situation très vite quand tu viendras jusqu'ici ! On se retrouve à 14 heures au commissariat.

Maltrani n'a plus rien dit pendant quelques secondes, on n'entendait plus que le souffle du Morse qui réfléchissait. Il a continué : « Ecoute, toi aussi, je te donne une chance ! Une chance de faire croire ton conte de fées au grand chef et aux collègues. Je te conseille de réfléchir à la façon dont tu vas leur vendre ça. Surtout, ne discute pas en route avec tous les chats que tu rencontres, tu sais que le grand Manitou déteste attendre ! »

Loïc n'avait pas de temps à perdre. Direction la ferme des Hirondelles, avant toute autre chose. Ses parents ne répondaient pas au téléphone, mais ils ne le faisaient jamais. Ou bien ils étaient dehors, ou bien ils dormaient,

---

1 **en batterie** *(f.)* in der Legebatterie – 5 **un dégât** ein Schaden – 9 **l'extermination** *(f.)* die Vernichtung – 9 **un troupeau** eine Herde – 15 **rater** verpassen – 21 **le souffle** der Atem – 23 **un conte de fées** ein Märchen – 29 **une hirondelle** eine Schwalbe

ou bien ils mangeaient, et chez les Ducastel, on ne quittait pas la table pendant les repas ! Après six kilomètres, Loïc est arrivé à Louvetot. Les rues du village étaient vides, les portes étaient ouvertes, les maisons, les jardins avaient été dévastés. Tout avait été détruit, cassé. Les chiens du village, eux, se promenaient, heureux d'être libres mais un peu perdus. Ils allaient d'une maison à l'autre, mangeaient ce qu'ils trouvaient. Loïc continuait sa route avec inquiétude vers Fauville. La N15 était presque déserte ; tous les villages qu'il traversait se ressemblaient. Les gens avaient tous quitté la campagne. Ils devaient être dans les centres d'accueil des grandes villes, s'est dit Loïc.

Après Fauville, Loïc a pris le chemin de la Boutille et a tourné à gauche dans la cour de la ferme. Les poules se promenaient partout comme d'habitude. Les deux labradors sont sortis de la grange pour lui faire la fête. Il n'avait pas eu le temps d'avoir peur de ses vieux copains. Déjà, ils sautaient sur le jeune homme avec leurs pattes sales. Ils étaient heureux de voir enfin quelqu'un. Mais papa, maman, où étaient-ils ? Une fois de plus, il avait envie de s'énerver contre sa mère qui refusait systématiquement depuis des années d'utiliser un portable. Elle voyait cet instrument comme une dangereuse malédiction. Loïc est entré dans la cuisine. Toute la vaisselle était par terre, mais il n'y avait pas de trace de sang ou de bagarre. Loïc a fermé la porte de la maison, puis il a donné à manger aux bêtes et a repris la route de Rouen.

---

5 **dévaster** verwüsten – 10 **désert,e** wie ausgestorben – 12 **la campagne** das Land – 17 **une grange** eine Scheune – 20 **une patte** eine Pfote – 23 **refuser** ablehnen – 23 **utiliser** benutzen – 25 **une malédiction** ein Fluch – 26 **par terre** am Boden – 27 **une bagarre** ein Kampf

Chapitre 4 Révélations

La ville offrait une autre image. Les dégâts étaient moins visibles. Par chance, les rats et les pigeons étaient restés calmes, eux qui devaient leur vie facile aux hommes, même si ces derniers essayaient par tous les moyens de les éliminer. Cela voulait dire aussi que la rébellion n'était pas générale. Un certain nombre de chiens étaient aussi restés fidèles aux hommes, même s'ils s'étaient montrés très agressifs le jour de la grande catastrophe. Ils avaient bien senti que quelque chose se passait, que l'instinct sauvage les rendait dangereux tout à coup. Mais ils n'avaient pas attaqué, ils avaient seulement mis de la distance entre les hommes et eux. Dix-sept mille ans de domestication avaient été plus forts que l'instinct.

Dans son petit appartement rue du Petit Salut, juste à côté de la place de la cathédrale, Loïc a retrouvé sa vieille Manouche, couchée comme toujours sur sa couverture rouge.

– Ah, je le savais, ma vieille bête, lui dit Loïc. Je te connais ; la révolution, c'est pas ton truc ! Mais dis donc, tu dois avoir faim, toi !

La chienne s'est levée difficilement et est venue mettre sa tête entre les mains du jeune homme.

Dans la cuisine, il y avait encore des croquettes dans la gamelle. Sur la table, Loïc a trouvé un mot : « On est passés. On a remis la clé dans les fleurs. On est chez tante Louise. Maman. » Ça, c'était bien le style de sa mère, elle ne dépensait jamais ni trop de mots, ni trop d'argent. Mais ils étaient en sécurité chez tante Louise, c'était le plus important.

---

0 **une révélation** eine Enthüllung – 1 **une image** ein Bild – 2 **un rat** eine Ratte – 2 **un pigeon** eine Taube – 4 **un moyen** ein Mittel – 7 **fidèle** treu – 9 **sauvage** wild – 12 **la domestication** die Zähmung – 19 **un truc** *(fam.)* ein Ding – 24 **une gamelle** ein Fressnapf – 25 **une clé** ein Schlüssel – 27 **un mot** ein Wort

A 14 heures, Loïc est arrivé au commissariat. Les vitres étaient presque toutes cassées, victimes d'un commando de corbeaux. Dans la grande salle de réunion, les conversations se sont arrêtées et tous les regards se sont tournés vers lui quand il a ouvert la porte en verre. « J'espère que Maltrani les a préparés un peu», s'est dit Loïc. Il n'avait pas le courage de regarder ses collègues dans les yeux. Pourquoi est-ce qu'il n'avait pas été là quand on avait eu besoin de lui ? Qu'est-ce c'étaient que ces histoires débiles de chats qui parlent ? Et s'il avait tout simplement eu la trouille, le petit gars de la campagne ? Toutes ces questions, Loïc était sûr qu'un grand nombre des flics qui attendaient qu'il parle se les posaient déjà.

Le commissaire principal était là, son regard hésitait entre la méfiance et l'espoir.

– Content de vous voir, Ducastel ! Bon, ne perdons pas de temps. Etes-vous vraiment certain que ce que vous avez

---

1 **une vitre** eine Scheibe – 3 **une réunion** eine Besprechung – 9 **avoir besoin de qc** etw. brauchen – 11 **avoir la trouille** *(pop.)* Schiss haben *(sl.)* – 15 **la méfiance** das Misstrauen

raconté à Maltrani est vrai… je veux dire… euh… cette histoire de chat qui… euh… parle… est bien réelle ? Vous avez réfléchi ? Vous savez, dans des situations de stress extrême… euh… eh bien, il arrive que…

– Oui, Monsieur le commissaire, j'en suis sûr. Il m'a même griffé, regardez ! Quand je me suis réveillé, j'ai cru à un rêve moi aussi, mais ce n'en était pas un. Il faut me croire, c'est important…

Dans la salle, le silence était total.

– Bon, ce qui est intéressant dans votre histoire, Ducastel, c'est surtout que vous n'êtes pas le seul ! Plusieurs agences de presse ont reçu des témoignages qui ressemblent beaucoup à ce que vous venez de nous raconter. Le problème, c'est que les gouvernements ne veulent rien savoir. En Allemagne, par exemple, une femme qui travaille dans un zoo à Hanovre a expliqué qu'un wombat l'avait mise en garde !

– Un wombat ? Maltrani regardait son patron, les yeux grands ouverts.

– Oui, un wombat ! Le problème, c'est que le zoo d'Hanovre a été complètement détruit par les animaux et que cette jeune femme a subi un choc. Les experts parlent d'hallucination.

– Mais enfin, tout le monde a subi un choc, non ?

Loïc s'était mis à parler fort. D'habitude, il était discret et réservé ; à la cantine, ses collègues ne le regardaient même pas quand ils parlaient entre eux de foot ou de femmes.

– Vous avez raison, Ducastel ! Mais le pouvoir préfère utiliser la force, on n'a pas l'habitude de discuter avec des cochons ou des pélicans.

– Parlez-moi des autres « messagers » ! a demandé Loïc, de plus en plus nerveux.

---

12 **ont reçu > recevoir** erhalten – 12 **un témoignage** eine Zeugenaussage – 17 **mettre qn en garde** jdn. warnen – 22 **subir** erleiden – 28 **le pouvoir** *(hier)* die Staatsmacht – 29 **la force** *(hier)* die Streitkräfte

– Eh bien, il y a un vieux chinois qui a communiqué avec un panda; une jeune fille inuit a eu la même euh... conversation avec un phoque, et en Indonésie, un habitant a été mis en garde par un varan... Il y en a d'autres, mais on parle d'une sorte d'hallucination collective.

– Mais ils sont fous ! Ces messages sont très importants ! Et en France, je suis le seul pour le moment ?

– Oui et non ! Il y a un cas, mais il est beaucoup plus ancien !

– Qui est-ce ? Loïc regardait le grand chef, nerveux.

– Une éthologue qui travaille pour le Muséum d'Histoire Naturelle à Paris avait contacté la presse il y a plusieurs années. Elle a raconté qu'elle avait communiqué avec plusieurs animaux qui l'avaient mise en garde exactement de la même façon que vous. A l'époque, ça avait fait rigoler le monde scientifique.

– Comment s'appelle-t-elle ? a demandé Maltrani.

– Elle s'appelle Olga Maraï. On la connaît grâce a ses recherches sur les grands singes, et sur ce qu'elle a appelé les « animaux singuliers ». Elle a même écrit un livre qui s'appelle *Wattana*.

– *Wattana*, qu'est-ce que ça veut dire ? a demandé Loïc.

– Eh bien, Wattana est une femelle orang-outan qui est née au Jardin des Plantes.

Loïc a continué :

– Une éthologue, ça fait quoi exactement ?

– Madame Maraï étudie le comportement animal, et c'est pour cela bien sûr que son témoignage est très important. Mais c'est une femme un peu... originale qui a eu beaucoup de problèmes à cause de ses thèses très... euh... provocatrices.

– Quelles sont ses thèses ? a voulu savoir Maltrani.

---

2 **inuit** Eskimo- – 9 **un cas** ein Fall – 12 **un,e éthologue** ein Ethologe/eine Ethologin – 16 **à l'époque** damals – 20 **des recherches** *(f., pl.)* Forschungsarbeiten – 21 **singulier, singulière** *(hier)* einzigartig – 24 **femelle** weiblich – 28 **un comportement** ein Verhalten

– Madame Maraï parle d'animaux singuliers. Cette Wattana a des compétences extraordinaires que n'ont pas les autres orangs-outangs. Elle sait par exemple faire des nœuds…

– Des nœuds ? Dans la salle, les jeunes flics étaient un peu surpris.

– Oui, aucun autre singe ne sait faire des nœuds. Madame Maraï pense que des nouvelles espèces parallèles se développent depuis plusieurs années, elle dit que ces animaux singuliers, qu'elle appelle les « nouveaux alphas » essaieront un jour de… prendre le pouvoir !

– Attendez, a demandé le Morse, presque en colère. Vous voulez dire que cette dame a quasiment prédit ce qui s'est passé avant-hier ! Il serait peut-être temps de l'écouter, non ?

Loïc n'a pas perdu de temps :

– Est-ce que je pourrais rencontrer cette madame Maraï aussi vite que possible ?

– Euh… oui, Ducastel, mais ça ne va pas être simple ! Je dois tout de même vous expliquer la situation. Madame Maraï se trouve actuellement dans la Ménagerie du Jardin des Plantes où elle s'est enfermée avec les singes. Les CRS entourent le Jardin des Plantes et ils peuvent donner l'assaut d'une minute à l'autre ! Il y a eu beaucoup de dégâts à cause des bêtes de la Ménagerie dans le quartier et le gouvernement veut que la capitale retrouve le calme…

– Quoi !? a crié le Morse. Vite, Loïc, il n'y a pas une minute à perdre ! Est-ce que vous pouvez prendre contact avec le Ministre pour nous permettre de rentrer dans le Jardin des Plantes ?

– Oui, je vais essayer ! a répondu le commissaire et il a aussitôt choisi un numéro sur son portable.

---

4 **un nœud** ein Knoten – 8 **une espèce** eine Art – 9 **se développer** sich entwickeln – 13 **prédire** voraussagen – 14 **avant-hier** vorgestern – 22 **s'enfermer** sich einschließen – 23 **le CRS** die Bereitschaftspolizei – 23 **entourer** umstellen – 24 **donner l'assaut** stürmen

Chapitre 5 Wattana

Une heure plus tard exactement, Maltrani a arrêté le moteur de sa BM près de la grande Mosquée de Paris, à côté du Jardin des Plantes. Sur l'autoroute vide, il n'avait pas hésité à foncer. Ils avaient seulement rencontré des convois militaires. Le pays était encore en état d'urgence.

Le Jardin des Plantes était, comme l'avait dit le commissaire, entouré de troupes de CRS qui en bloquaient toutes les entrées. Il était impossible de rentrer sans présenter de très, très bonnes raisons. Le commissaire avait obtenu une autorisation du Ministre pour permettre à ses deux hommes d'entrer en contact avec Olga Maraï. Maltrani s'est dirigé vers un CRS qui portait un casque et un uniforme noirs, quelque chose entre Terminator et Dark Vador.

10 **obtenir** erhalten – 12 **se diriger vers qn** auf jdn. zugehen

Le Morse a été très soulagé quand Schwarzenegger, après avoir contrôlé les informations sur son ordinateur, lui a répondu avec une voix complètement humaine : « OK, voyez maintenant avec le commandant Lapointe, là-bas ! ». Le commandant Lapointe était assis sur le capot d'une voiture et attendait. Maltrani s'est tourné vers son jeune collègue.

– J'y crois moi, Loïc, au chat qui parle ! J'y crois, c'est notre seule chance ! Allez, courage !

Cinq minutes plus tard, le commandant Lapointe a fait ouvrir une barrière et a regardé ces deux flics de province un peu étranges partir dans les larges allées du Jardin des Plantes. Le gros qui marchait comme un canard et le petit jeune qui avait l'air un peu cloche.

– La Ménagerie est au fond du jardin à droite, leur a-t-il crié. C'est là que la vieille… euh… que madame Maraï se trouve. Si vous la faites sortir d'ici, je vous offre le champagne ! Mais vous savez, si on me demande de faire le ménage, je devrai le faire ! Il y a encore beaucoup de bestioles dangereuses dans la Ménagerie. Vous n'avez pas beaucoup de temps.

Maltrani ne s'est pas retourné mais a levé la main gauche pour dire qu'il avait bien compris le message. Ils ont suivi la longue allée et ont regardé autour d'eux. C'était un bel endroit, un endroit où on sentait l'histoire, avec ces vieux musées et ces plantes étranges. Arrivés à l'entrée de la Ménagerie, devant les grilles fermées, Maltrani a décidé après une seconde d'hésitation d'utiliser sa méthode préférée. Il a pris une profonde inspiration et a crié comme un possédé : « Madame Maraï, nous

---

1 **soulagé,e** erleichtert – 5 **être assis,e** sitzen – 5 **un capot** eine Motorhaube – 11 **une barrière** eine Absperrung – 14 **cloche** tollpatschig – 22 **lever** heben – 27 **une grille** ein Gitter – 29 **prendre une profonde inspiration** tief einatmen – 30 **un possédé** ein Besessener

voulons vous parler de… d'un chat qui parle. C'est très important et nous n'avons pas beaucoup de temps, vous le savez sûrement ! »

Loïc a continué :
– Parlez-nous des « nouveaux alphas » ! Je suis sûr qu'on peut encore agir. Séparément, nous ne pouvons rien !

Pendant de longues minutes, Maltrani et Loïc ont écouté, concentrés. Ils ont seulement entendu quelques animaux, énervés par le cri du Morse. Puis, des bruits de pas dans l'allée de l'autre côté de la haute grille. Il leur était impossible de voir qui arrivait. Il y avait plusieurs personnes, mais une seule voix leur a répondu : « Quel est l'imbécile qui vient de crier comme ça ? C'est bien la dernière chose à faire dans cet endroit et à un moment pareil. » Avant même de voir le visage de la femme qui était en train d'ouvrir la porte avec une énorme clé, Maltrani a expliqué, vexé : « C'est possible, mais comment aurait-on pu vous joindre autrement ? Avec des nuages de fumée ? Ou bien grâce à la télépathie, peut-être ? »
– Ah, Monsieur a de l'humour! Très bien !
La grille s'est ouverte doucement et les deux hommes ont découvert une petite femme d'environ soixante ans, aux longs cheveux remontés en chignon. Elle était maigre, et ses deux grands yeux noirs brillaient d'intelligence. Mais ce qui était le plus étrange, c'était l'animal qui accompagnait la scientifique. Une femelle orang-outan se tenait à côté de Madame Maraï ; elle était gigantesque, couverte de longs poils roux. Elle ne montrait aucune agressivité et observait les deux policiers avec intérêt.

---

6 **séparément** getrennt – 10 **un pas** ein Schritt – 17 **vexé,e** gekränkt – 18 **joindre** erreichen – 19 **la fumée** der Rauch – 24 **un chignon** ein (Haar)Knoten – 24 **maigre** mager – 27 **accompagner** begleiten – 28 **se tenir** stehen – 29 **couvert,e** bedeckt

Avec ses longues mains noires, elle jouait avec les poils de son menton. Finalement, elle s'est tournée vers la petite femme qui lui a demandé :

– Alors, tu es d'accord ?

La femelle a alors invité les deux hommes à rentrer d'un geste de la main. Les yeux fixés sur elle, Loïc a posé une question.

– Dites-moi, comment vous saviez qu'on ne venait pas vous attaquer. On aurait pu faire partie des CRS qui sont dehors.

– Vous pensez vraiment que nous sommes de si faibles femmes, jeune homme ?

Olga lui a alors montré un petit appareil ultrasophistiqué. Sur l'écran de ce qui ressemblait à un I-Phone, on pouvait voir différents endroits du Jardin des Plantes.

– On a mis des petites caméras partout : si petites qu'il est presque impossible de les trouver.

Loïc est devenu tout rouge ; l'image de la vieille folle scientifique perdue dans ses vieux livres n'était vraiment pas la bonne.

– Allez, je sais ce que tu penses, mon petit. Je connais ma réputation. Tu sais, jouer la vieille folle est très pratique, un peu comme ton chef qui joue très bien au gros bourru alors que c'est un grand sentimental ! Je vois ces choses-là tout de suite.

Maltrani s'est tourné vers la petite femme, furieux, le visage rouge et gonflé ; il cherchait désespérément quelque chose à lui répondre. Elle l'a regardé alors avec un large sourire.

– C'est marrant, vous ressemblez beaucoup à Wattana quand vous faites cette tête-là !

---

1 **une main** eine Hand – 11 **faible** ≠ fort,e – 13 **ultrasophistiqué,e** hochkomplex – 24 **un bourru** ein mürrischer Mensch – 27 **gonflé,e** angeschwollen – 29 **un sourire** ein Lächeln

Loïc a sursauté. Wattana ? C'était elle, alors ? Loïc a regardé le singe, puis Maltrani de plus en plus rouge, et il a dû donner raison à Olga. Wattana a posé elle aussi son regard sur Maltrani et tout à coup, s'est mise à se trémousser bizarrement.

– Qu'est-ce qu'elle a, s'est inquiété Loïc.

Wattana bougeait un peu dans toutes les directions et montrait Maltrani du doigt.

– Mais oui, c'est bien ça, a explosé Maltrani, elle se moque de moi, ma parole !

---

1 **sursauter** zusammenzucken – 4 **se trémousser** Verrenkungen machen – 8 **montrer qn du doigt** mit dem Finger auf jdn. zeigen – 10 **Ma parole !** Das gibt es doch nicht!

Chapitre 6 Un nouveau monde ?

– Bon, venez, je dois vous expliquer deux ou trois petites choses ! a dit Olga.

La petite troupe a suivi la vieille femme dans les couloirs du musée.

– On m'a trouvé un vieux bureau ici ! Vous savez, ces dernières années, je me suis sentie comme un vieux truc dont plus personne n'a besoin mais qu'on ne veut pas jeter. Mes recherches n'intéressent plus personne depuis longtemps et pourtant, il y a vingt ans, mon travail sur les animaux singuliers avait fait du bruit.

– Ah oui, sur les singes qui font des nœuds ! a dit Maltrani, d'un air amusé.

– Hmm, c'est une façon un peu simple de résumer, mais oui, c'est grâce à Wattana que j'ai compris, répond Olga Maraï.

Loïc, lui, se sentait étrangement nerveux. Le monde devrait bientôt comprendre quelque chose de totalement extraordinaire, l'homme allait enfin reconnaître que l'intelligence ne lui appartenait pas ! C'est ce que Loïc attendait depuis longtemps.

– Quels autres animaux singuliers avez-vous rencontrés, a-t-il demandé à Olga.

– J'ai observé d'autres grands singes, des chimpanzés, des gorilles, des bonobos. Avec l'homme, ces quatre espèces forment la famille des hominidés. Nous sommes bien de la même famille, plus encore que des cousins… ce qui se remarque parfois de façon évidente, pas vrai ?

Elle a fait alors un clin d'œil à Maltrani.

– Oh oui, ça va, hein ! Restons scientifiques, s'il vous plaît, grogne le policier. Les faits, seulement les faits !

---

3 **un couloir** ein Gang – 9 **pourtant** dennoch – 25 **des hominidés** *(m., pl.)* große Menschenaffen – 27 **évident,e** eindeutig – 28 **faire un clin d'œil à qn** jdm. zublinzeln – 30 **grogner** brummen – 30 **un fait** eine Tatsache

– J'ai donc observé plusieurs cas chez des singes nés en captivité comme Wattana, a continué Olga. Mais la plupart d'entre eux avaient eu des contacts intenses avec l'homme. Je ne savais donc pas si un singe seul pouvait apprendre ces techniques, sans qu'un homme lui montre comment faire.

– Et alors ?

Loïc était impatient, fasciné par ce que racontait la petite femme. Il ne remarquait pas le regard attentif que Wattana avait posé sur lui.

– Eh bien, je suis partie en Afrique, au Congo et en Guinée pour observer les chimpanzés et les gorilles. Puis, je suis allée à Sumatra et à Bornéo pour étudier les orangs-outans. Mais c'est grâce à mon chien que j'ai pu faire la rencontre qui a changé ma vie !

– Un chien singulier ? a demandé le Morse.

– Non, pas du tout, un petit chien complètement normal, rencontré dans un village africain et qui me suivait partout. Je l'ai finalement adopté. Et c'est ce chien qui a été contacté par une lionne alpha.

– Comment est-ce que cela s'est passé ? Vous étiez là, elle vous a... parlé ? a demandé Loïc, content de comprendre enfin et avec certitude que ce qui lui était arrivé dans la forêt était bien réel.

– Je vais vous expliquer, a repris Olga. Mon chien était devenu bizarre depuis quelques temps. Il était agressif, il avait un comportement étrange. Il me dérangeait de plus en plus dans mon travail. Mais je ne voulais pas me débarrasser de lui comme ça, je ne pouvais pas faire ça. Et puis, je voulais aussi comprendre ce qui se passait !

– Et vous avez trouvé ? a voulu savoir Maltrani, assez admiratif.

---

2 **la captivité** die Gefangenschaft – 9 **attentif,ve** aufmerksam – 19 **une lionne** eine Löwin – 23 **la certitude** die Sicherheit – 27 **déranger** stören – 29 **se débarasser de qc** etw. loswerden – 32 **admiratif,ve** > admirer

– Oui, je me suis d'abord rendue compte que mon chien partait tous les jours dans la brousse à la tombée de la nuit. Un soir sans vent, j'ai décidé de le suivre. Il s'est mis en chemin à la même heure que d'habitude. Il semblait hypnotisé et il ne perdait pas de temps en route. Peu après, il est arrivé dans une clairière et là, il a attendu. Moins d'une minute plus tard, une lionne est apparue. Elle ne l'a pas attaqué, mais elle a plongé ses yeux dans les yeux du petit chien qui n'avait même pas l'air d'avoir peur. Il a alors commencé à gémir un peu, puis s'est couché devant elle. Et là, elle a tourné la tête dans ma direction, elle savait bien sûr que j'étais là !

– Et alors ?! ont demandé Maltrani et Loïc d'une seule voix.

– J'étais morte de peur. Elle était là, devant moi et…

– Je sais ! a presque crié Loïc. Je sais… votre tête, elle vous a parlé dans votre tête, avec des images et des bruits, des cris !

– Oui, c'est exactement ça, a répondu Olga. Wattana avait raison de te faire confiance, mon jeune ami. Toi aussi, tu es un vrai messager. Tu as raison, la lionne m'a parlé par télépathie. Donc, les images ont commencé à arriver comme tu l'as dit, j'ai vu les animaux qui devaient quitter leur territoire à cause de la déforestation, et puis finalement, j'ai vu les grands singes disparaître, comme beaucoup d'autres espèces. La lionne voulait éviter tout contact de l'homme avec les zones vierges et voulait me chasser. Elle a d'abord essayé de dresser les animaux qui m'entouraient contre moi.

– Comment avez-vous fait la paix ? a demandé Loïc.

---

2 **la brousse** der Busch – 6 **une clairière** eine Lichtung – 8 **plonger** tauchen – 10 **gémir** stöhnen – 21 **faire confiance** vertrauen – 26 **la déforestation** die Zerstörung des Waldes – 29 **vierge** unberührt – 30 **dresser qn contre qn** jdn. gegen jdn. aufwiegeln

– Eh bien, a dit Olga, les alphas reconnaissent très facilement les intentions et les sentiments des humains. La lionne a compris tout de suite que je ne serai pas une ennemie. J'ai essayé moi aussi de communiquer avec elle par télépathie, ce qui a très vite assez bien fonctionné. Elle voulait avoir un maximum d'informations sur les humains, leur façon de penser, leur façon de vivre, leurs points faibles…
– Vous avez donc vite réalisé que ses intentions n'étaient pas très pacifiques, alors ? a remarqué Loïc.
– Bien sûr ! Mais dans certains cas, je pense qu'on ne peut malheureusement pas éviter la guerre, a dit la vieille femme avec un regard froid.

---

2 **une intention** eine Absicht – 8 **un point** ein Punkt

Chapitre 7 Contact

Tout à coup, un petit bruit est sorti de la poche de la vieille dame. Elle en a sorti rapidement son petit appareil et a observé l'écran.

– Bon, a-t-elle dit calmement, ils vont donner l'assaut. Ils se préparent à rentrer au sud et au nord.

Elle a levé un regard décidé sur les deux hommes.

– Il va falloir choisir, messieurs. Choisirez-vous le côté de vos chefs, police, armée, pouvoir ? Ou plutôt le côté singe ?

Elle a donné quelques ordres dans un autre appareil futuriste et peu après, une bonne trentaine de singes de différentes espèces sont entrés dans le petit bureau.

– Suivez-nous, a dit Olga, nous n'avons pas beaucoup de temps.

7 **un côté** eine Seite – 10 **un ordre** ein Befehl

La vieille femme et les singes ont couru dans les couloirs du musée. A la sortie, des petits groupes de trois ou quatre animaux ont pris des directions différentes dans le parc immense. Ils étaient terriblement rapides. Les gars de la police ne les neutraliseront pas aussi facilement qu'ils le pensent, s'est dit Loïc. Et au même moment, il a su qu'il avait déjà choisi son camp. Et Maltrani ? Le jeune homme a regardé derrière lui. Le Morse n'avait pas couru comme ça depuis longtemps. Il est arrivé enfin, épuisé !

– Pfff ! Bon, alors, chimpanzé ou Schwarzenegger, qu'est-ce qu'on fait, Loïc ? a demandé le gros homme.

Loïc a regardé Maltrani comme s'il le rencontrait pour la première fois. Il avait l'impression de ne pas avoir su voir ce que le Morse cachait entre ses grosses colères et sa mauvaise humeur. Mais il n'était pas trop tard !

– Et bien, je serais plutôt du côté de mes cousins ! a dit Loïc.

– Moi pareil !

Olga les a appelés.

– Mais dépêchez-vous ! Ils seront là dans une minute. Vite, venez m'aider, nous devons protéger les animaux.

Les deux flics ont suivi Olga et Wattana qui couraient dans les allées du grand jardin.

Dix minutes plus tard, le petit groupe était dans la Ménagerie. Toutes les entrées étaient maintenant fermées.

– Ils ne nous auront pas facilement, a expliqué Olga. J'ai mis des petites bombes partout. Ça va être un vrai 14 juillet, vous allez voir !

– Quoi, s'est indigné Loïc. Des bombes ! Vous ne nous aviez pas dit ça ! Quelle sorte de bombes ? Je ne suis pas d'accord !

---

7 **un camp** ein Lager – 9 **épuisé,e** erschöpft – 30 **s'indigner** sich empören

– Il a raison, a dit le Morse, furieux. On ne peut pas faire ça !

Olga a eu l'air fatiguée tout à coup.

– Mais qu'est-ce que vous croyez ? a-t-elle demandé sans attendre de réponse. Pourquoi est-ce qu'ils sont là ? Ils vont tous les tuer, ils les massacreront sans réfléchir.

– Mais enfin, ce n'est pas une solution. Loïc a commencé à paniquer. Il se sentait pris dans un piège.

– Ecoute-moi bien, a dit Olga. Quand j'ai rencontré la lionne alpha, je pensais moi aussi que son message changerait le monde. Mais aujourd'hui, j'ai compris qu'il faut sacrifier notre espèce pour la survie de toutes les autres !

– Alors là madame, non, je ne vous suis pas, a répondu le Morse. Ce n'est pas la solution ! Il doit bien y avoir un moyen de faire autrement ! Les scientifiques réfléchissent depuis des années déjà et…

– Comme vous dites, monsieur Maltrani, ils réfléchissent mais ne font rien ! L'homme, l'homme occidental surtout, ne veut faire aucun effort. J'ai tout essayé, personne ne m'a écoutée ! Les alphas sont la dernière chance. Ce sera la guerre totale. Il y a des alphas dans presque toutes les espèces, ils ont même appris à communiquer entre eux, ce que les chercheurs pensent être tout à fait impossible. Vous savez, à cause de l'homme, les animaux ont connu un stress extrême et ont dû développer de nouvelles stratégies et de nouvelles compétences pour survivre ; seuls les plus forts, les plus intelligents ont réussi. C'est très simple finalement : la vie est devenue de plus en plus difficile, et les animaux sont donc parallèlement devenus de plus en plus résistants.

---

12 **sacrifier** opfern – 12 **la survie** das Überleben – 19 **occidental,e** westlich – 20 **un effort** eine Anstrengung – 24 **un chercheur** ein Forscher – 27 **développer** entwickeln – 29 **réussir** Erfolg haben

Dehors, on entendait déjà les cris des CRS. Un vacarme terrible.

– C'est pas vrai, a crié le Morse.

Dans la Ménagerie, les animaux paniquaient aussi. Ils couraient dans toutes les directions, la peur les rendait fous.

– Ecoutez, a dit Loïc. Il faut faire quelque chose, il est encore temps, ce n'est pas possible. Il faut parler au gouvernement, tout arrêter ! Retrouver ce chat, faire venir la presse, je ne sais pas, moi !?

Loïc était au bord des larmes. Ce n'était pas l'idée de mourir qui le faisait pleurer ; non, même pas ! C'était la tristesse de ne jamais connaître ce nouveau monde où la vie dans le respect des autres espèces et de la nature aurait été possible.

Dehors, les CRS se préparaient à défoncer les grilles. On entendait une voix qui donnait des ordres. Les animaux, eux, étaient totalement hors contrôle, le Morse ne bougeait plus, même lui n'avait plus rien à dire. C'était fini, c'était foutu !

– C'est *l'oïkos* ! C'est à ça que tu penses, c'est pour ça que tu pleures !

Wattana, qui s'était cachée dans un coin, avait tourné ses yeux mélancoliques vers le visage de Loïc. Elle s'était approchée du jeune homme qui la regardait sans y croire. Elle essuyait de son long doigt la larme qui coulait sur la joue de Loïc ! Elle a repris :

– *L'oïkos*, cher petit, est un vieux mot qui veut dire à peu près « maison commune », un endroit où nous pourrions donc vivre ensemble. Bien sûr, certains en mangeraient

---

13 **la tristesse** die Traurigkeit – 14 **aurait été** gewesen wäre – 16 **défoncer** einschlagen – 20 **être foutu,e** *(fam.)* erledigt sein – 26 **essuyer** wegwischen – 29 **commun,e** gemeinsam – 30 **certains** manche

d'autres, mais il y aurait de la place pour chacun ! Moi aussi, tu sais, j'ai rêvé de cela !

Loïc se laissait faire, Maltrani, lui, avait la bouche grande ouverte. Elle a parlé, elle a vraiment parlé ! Olga, elle, a levé des yeux tristes sur le grand visage noir.

– Pourquoi est-ce que tu as parlé, Wattana. On était d'accord, non ! Pourquoi ? C'est trop tard, tu le sais bien !
– Mais moi, je pense qu'il faut essayer, Olga, a répondu Wattana d'une jolie voix grave et chaude. Il le faut. Je sais bien que ce sera la guerre entre les alphas, la plupart d'entre eux veulent éliminer les humains, mais beaucoup d'autres, comme moi, sont prêts à leur donner une deuxième chance. C'est pour cela que j'ai décidé de parler, je parlerai et tu ne feras rien contre ça, ma très chère Olga…

Loïc s'est ressaisi très vite :
– Elle veut parler, vous avez entendu, chef ! Appelez à Rouen, dites au commissaire ce qui se passe ! Moi, il ne me croira pas, il faut que les CRS dégagent, il faut faire venir ici un Ministre, je ne sais pas moi, quelqu'un de sérieux, des scientifiques… Tout de suite ! Maltrani, faites quelque chose ! Vite !
– Non, on n'a pas le temps, a répondu Maltrani. Attendez, vous allez voir !
Le Morse a alors gonflé son énorme abdomen comme jamais et a hurlé :
– LAPOINTE !! Vous m'entendez ! C'est Maltrani, le gros flic !

---

10 **grave** tief – 17 **se ressaisir** sich wieder fangen – 20 **dégager** *(fam.)* verschwinden – 22 **sérieux,se** ernst – 26 **un abdomen** ein Bauch

Tout à coup, les cris dehors se sont arrêtés et dix secondes plus tard, le commandant Lapointe lui a répondu dans un haut-parleur :

– Ok, Maltrani ?! Tout va bien ? On arrive ! Nous allons bientôt rentrer. Où est la vieill… euh madame Maraï ?
– Elle est là, a répondu Maltrani. Ecoutez, nous avons ici quelqu'un qui veut vous parler. Est-ce que vous pourriez venir seul à l'entrée. Lapointe, c'est très important. Il n'y a aucun danger pour vous. Vous pourrez tout casser après si vous en avez encore envie.

Un long silence a suivi les mots de Maltrani.

– Ok, Maltrani, c'est d'accord. Mais mes hommes sont derrière moi ! Si c'est un piège, vous le regretterez !

Dans la Ménagerie, derrière les grilles, Maltrani, Loïc et Olga retenaient leur souffle et regardaient le grand singe qui ne cachait pas sa peur. Et puis, Wattana a regardé le Morse et lui a dit :

« Allons, cher cousin, ouvrez-moi la porte et faites les présentations, s'il vous plaît ! »

FIN

---

3 **un haut-parleur** ein Lautsprecher – 13 **regretter** bedauern – 15 **retenir le souffle** den Atem anhalten – 19 **faire les présentations** *(f., pl.)* (Personen einander) vorstellen

Solutions (p. 4) :

Vous avez une majorité de ■ :
Pour vous, un animal est là pour vous nourrir ou vous servir, point ! Peut-être qu'il serait temps de penser autrement ! « Les nouveaux alphas » vous feront regarder votre steak d'un autre œil !

Vous avez une majorité de ● :
Bien sûr, vous avez déjà admiré un lion au zoo ou caressé un teckel ! Mais vous ne voyez pas de relation entre une tranche de jambon et un abattoir ! « Les nouveaux alphas » vous feront réfléchir à ce que vous consommez.

Vous avez une majorité de ▲ :
Vous êtes un vrai défenseur de la cause animale ! Vous connaissez les espèces en danger, vous militez peut-être même dans une association. L'histoire des alphas vous donnera de nouveaux arguments !

---

2 **nourrir** ernähren – 7 **caresser** streicheln – 8 **un teckel** ein Dackel – 9 **une tranche** eine Scheibe – 9 **un abattoir** ein Schlachthof – 12 **un défenseur** ein Verteidiger – 13 **une espèce** eine Art

Pendant la lecture

Chapitre 1

De qui/quoi est-ce qu'on parle ?

Lisez les définitions et donnez les réponses.

1. **Il** compte ses millions perdus.
2. On **y** fabrique des produits de beauté.
3. **Il** a attaqué la femme de Maltrani.
4. Loïc **le** voit traverser la route devant lui.
5. On **leur** met du shampoing dans les yeux.
6. **Ils** sont suspects car le labo a déjà eu des problèmes avec eux.
7. **Il** a changé la sonnerie de portable de son père.
8. A Montville, **ils** sont 500 dans le village.
9. On **en** met en place dans les grandes villes.
10. **Ils** ont attaqué les capitales africaines.

Maltrani et Loïc

1. Maltrani est un personnage assez original ! Retrouvez les passages du texte qui le décrivent et faites son portrait.
2. Le texte donne moins d'informations sur son assistant, on ne sait pas beaucoup de choses sur Loïc. Faites son portrait à partir des quelques éléments que vous avez.

Complétez les portraits au fur et à mesure *(im Laufe)* de la lecture.

Chapitre 2

Temps de chien ou de cochon ?

1. Il existe en français comme en allemand un grand nombre d'expressions qui utilisent les noms d'animaux. Trouvez le sens des expressions suivantes et trouvez leur équivalent en allemand. Pas si facile !
2. Puis, essayez d'écrire une petite histoire courte dans laquelle vous utiliserez le plus possible de ces expressions.

1. avoir un chat dans la gorge 2. être comme un coq en pâte 3. à trifouillis-les-oies 4. Petit à petit, l'oiseau fait son nid. 5. poser un lapin à qn 6. avoir la chair de poule 7. un drôle de zèbre 8. mettre la puce à l'oreille de qn 9. pleurer comme un veau 10. se jeter dans la gueule du loup	a) wo sich Fuchs und Hase gute Nacht sagen b) jdn hellhörig/misstrauisch machen c) eine Gänsehaut bekommen d) sich in die Höhle des Löwen wagen e) heulen wie ein Schlosshund f) Hahn im Korb sein g) einen Frosch im Hals haben h) jdn versetzen i) ein schräger Vogel j) Steter Tropfen höhlt den Stein.

Questions

1. Lisez les phrases et dites si c'est vrai ou faux.
   a) Les parents de Loïc ont une ferme.
   b) Un petit singe noir parle à Loïc.
   c) Des corbeaux ont déjà attaqué Loïc.
   d) Loïc pense que le chat vient du labo.
   e) Loïc ne mange pas de viande.
2. Le chat a un message pour Loïc. Décrivez-le en quelques mots.

Chapitre 3

Mots volés

Lisez le texte et complétez-le :

Loïc se réveille et quitte la forêt pour retrouver sa ________________. Sur le bord de la route, des ________________ le regardent. Elles lui font un peu ________________. Il téléphone à son ________________ et comprend qu'il a dormi plus de ________________ heures. Maltrani lui explique que les attaques se sont arrêtées à la fin du ________________ jour, mais que plusieurs gouvernements ont décidé de ________________ un grand nombre d'animaux. Loïc pense que ce sera une catastrophe. Maltrani lui demande d'être au ________________ à 14 heures. Ensuite, Loïc va chez ses parents ; il traverse plusieurs ________________ vides où il ne voit que des ________________ dans les rues. Il arrive enfin. Dans la ________________ de la ferme, les ________________ se promènent tranquillement et les deux ________________ sont contents de voir Loïc, mais ses parents ne sont pas là ! Dans la cuisine, la ________________ est par terre, mais il n'y a pas de trace de ________________. Loïc nourrit les ________________ et repart.

Chapitre 4

Qui dit quoi ?

1. Lisez les phrases et trouvez qui a dit quoi à qui.
   a) « La révolution, c'est pas ton truc ! »
   b) « On a remis la clé dans les fleurs. »
   c) « Content de vous voir, Ducastel ! »
   d) « Parlez-moi des autres messagers ! »
   e) « Il serait peut-être temps de l'écouter, non ? »
   f) « Je dois tout de même vous expliquer la situation. »
2. Répondez aux questions.
   a) Quels sont les autres messagers ?
   b) Qui est Olga Maraï ?
   c) Qui est Wattana ?
   d) Un éthologue, qu'est-ce que c'est ?
   e) Quelle est la situation au Jardin des Plantes ?
   f) Quel est l'autre nom des animaux singuliers ?

Chapitre 5

Le saviez-vous ?

Avec son étonnante architecture, la **ménagerie** du Jardin des Plantes est le plus ancien zoo du monde ! Le lieu n'a pas beaucoup changé depuis sa création. Il couvre 55 000 m^2 de verdure habités par un millier d'animaux.

La **grande galerie de l'évolution** a été inaugurée en même temps que la tour Eiffel en 1889. Depuis 1994, le Muséum national d'Histoire naturelle y expose ses collections d'animaux naturalisés[1]. On peut y voir un rhinocéros qui a été offert au roi Louis XV.

1 **naturalisé,e** präpariert

L'animal est arrivé dans la ménagerie de Versailles en 1770. A la cour, personne n'en avait encore jamais vu de vivant ! Le rhinocéros est mort à cause d'un coup de sabre[1] reçu pendant la Révolution. Son corps est alors arrivé au Muséum où il a été étudié et naturalisé.

Pour en savoir plus sur ce lieu étonnant, rendez-vous sur www.mnhn.fr. Saurez-vous y trouver les réponses aux questions suivantes ?

1. Quand est-ce que le Jardin des Plantes a ouvert ses portes pour la première fois au public ?
2. Le grand naturaliste Buffon avait un chimpanzé apprivoisé[2]. Quel était son nom ?
3. Combien d'animaux naturalisés est-ce qu'on peut voir dans la grande galerie de l'évolution ?

C'est à qui tout ça ?

Rendez à chacun ses attributs !

des poils au menton	Olga Wattana le CRS Loïc Maltrani
gigantesque	
un visage rouge et gonflé	
un casque noir	
des longues mains noires	
de l'humour	
un air cloche	
maigre	
des longs cheveux	
une voix complètement humaine	

1 **un sabre** ein Säbel – 2 **apprivoisé,e** gezähmt

Chapitre 6

Tout compris ?

Répondez aux questions.

1. Dans la famille des hominidés, on trouve l'homme et quatre autres espèces. Lesquelles ?
2. Où est-ce qu'Olga est allée pour étudier les singes ?
3. Comment est-ce qu'Olga a rencontré son chien ?
4. Qu'est-ce que la lionne a fait avec le chien ?
5. Qu'est-ce qu'Olga a vu quand la lionne a communiqué avec elle ?
6. Pourquoi est-ce que la lionne voulait avoir des informations sur les humains ?

Chapitre 7

Grille de mots

Retrouvez les 18 animaux dans le tableau; avec les 10 lettres qui restent *(übrig bleiben)*, formez un mot.

c	a	g	o	r	i	l	l	e	v
h	e	c	o	r	b	e	a	u	a
a	c	h	o	v	a	c	h	e	r
t	r	i	c	l	s	e	p	c	a
w	o	m	b	a	t	h	i	o	n
p	c	p	l	p	p	c	g	c	e
a	o	a	o	i	o	u	e	h	i
p	d	n	u	n	u	o	o	o	r
r	i	z	p	y	l	m	n	n	a
a	l	e	u	a	e	r	u	a	t
t	e	s	o	u	r	i	s	l	o